M.

Für M. und jede
marginalisierte Person.
Danke,
dass du
bist.
Menschlich.
Liebe.
Freiheit.
Heilung.
M.

And just like that I
fell for you.

© 2021, Yassamin-Sophia
Boussaoud
Herstellung und Verlag:
BoD – Books on Demand,
Norderstedt
ISBN: 9783755738985

#November.

And just like that it turned **November**.

With the **leaves** falling I fell for you.

And that scares **me** to my very bones.

I have been writing **poetry** for the same person,

For half a decade and the **fact** that I now

started to write for **you** is somehow strange but beautiful.

My words for you are so very **different**.

They come with a **strength** I didn`t know I had.

And maybe that is what **scare**s me the most.

That I fell in **Love** with someone who knows me.

And who so**me**how loves me back.

In a different way.

I do love you more than I hate the **rejection**.

More than just your appearance.

I love every single part of your beautiful,

Radical existence.

That is why I am **trying** to stay.

I promise you I´ll fight **the urge** to run away.

May November just be the **beginning**.

Jeder einzelne
Zentimeter deines
Braunen, dick_fetten,
starken, sanften,
Körpers verdient Liebe.

#Radikal.

Sie sagen ich soll weniger laut sein, weniger ich sein.
Nicht so sehr darauf erpicht sein, gesehen zu werden.
Soll meinen Körper nicht lieben und gleichzeitig
übertrieben witzig sein, dankbar sein.

Sprachlich geschickt und wenn es sich ergibt,
helfen wo ich kann.
Habibi ich bin nicht deine rechte Hand
und Sorry aber meine linke ist auch beschäftigt.
Macht ein bisschen Revolution.
Ja ich weiß schon, du findest mich hässlich
und rufst mir ins Gedächtnis, dass mein Platz an der Seite ist.
Aber das will ich nicht. Geh mir aus dem Licht.
Und geh du gerne zur Seite. Komm, noch ein bisschen mehr.
Näher an den Rand. Ich weiß gar nicht was du hast.
Da ist doch genug Space für dich. Das passt dir nicht? Tut mir leid.
Aber deine Zeit ist um. Geht es darum, dass ich hier stehe?
Raum einnehme und Dinge sage, die dein Ego treffen?
Es ist vermessen zu glauben, dass ihr so weitermachen könnt.
Wie die letzten Jahrhunderte. Wen wundert es,
dass wir uns nichts mehr gefallen lassen,
euren Mist nicht mehr unter den Tisch fallen lassen?
Es stört dich, dass ich Raum einnehme mit einem Körper,
der im Gegensatz zu deinem existiert.
Während du versuchst perfekt zu sein, versuche ich echt zu sein.
Laut zu fühlen und mein Herz zu trainieren.
Ich bin hier um eure Credibility zu ruinieren.

Her um mir jeden Zentimeter zurückzuholen, der mir genommen wurde.
Ich bin nicht deine Heilige, nicht deine Hure,
nicht mehr die die du nutzen kannst um zeigen, wie gut du es meinst.
Ich vereine, zwei Kulturen und hundert Glaubenssätze.
Bete zu Jesus am Kreuz und hoffe, dass Allah mir vergibt,
dass ich seine Existenz so lange leugnete.
Ich esse Couscous mit meinen Händen und tanze nackt zum Mezoued.
Und es ist mir egal, ob du mich kontrovers und problematisch findest,
ob dir meine Worte zu viel sind und mein Körper zu rund.
Ich mach meinen Mund auf, wann immer ich kann und will.
Jetzt ist eure Zeit, still zu sein.

Habibi, ich bin nicht deine rechte Hand und Sorry
aber meine linke ist auch beschäftigt.
Macht ein bisschen Revolution.

Du bist ein Wunder.

Dein Sternenstaub ist
meine Hoffnung.

#Magie.

Ich glaube, dass jeder Mensch diesen Funken in sich
trägt.
Das was uns, zwischen all den anderen Menschen, zu uns
selbst macht.
*Den Sternenstaub, der wir einst waren und wieder sein
werden.*
Und dass uns das **bedeutsam** macht.
Und **unbedeutend** zugleich.
Manchmal, da vergessen wir, dass wir diesen Funken in
uns tragen.
Vor allem die unter uns, die fast nur aus Sternenstaub
bestehen.
Die unter uns, die so viele Farben in sich vereinen, dass
sie ein Kunstwerk sind.
Die unter uns, deren Sein **die allerschönste Revolution**
ist.
Wir vergessen das. Und wir laufen durch eine Welt, die es
uns so leicht macht,
das zu vergessen. Zu vergessen, wie magisch wir sind.
Dieses Vergessen zieht sich durch alle Nuancen meines
Seins.
Durch jede Farbe meines Bildes. Ich kann meinen Funken
meist nicht sehen, oft nicht spüren. Muss jeden Tag
daran arbeiten, im Licht zu laufen.

*Und ich kann so sehr fühlen, dass auch du das manchmal
vergisst. Dass du nicht sehen kannst, wie wunderschön du
bist. Ich möchte dir am liebsten jeden Tag sagen, dass es
mir so leidtut und dich daran erinnern. Dass nicht du es*

bist. Dass diese Welt dich vergessen lässt, vergessen lassen will, wie magisch du bist. Wie hell deine Seele strahlt. Wie viel Liebe du verdienst. Ich weiß, dass ich dir das nur an manchen Stellen zeigen kann und darf. Mein Herz weiß das. Und das ist in Ordnung. Eine Person kann und muss nicht Sonne, Mond und Sterne für uns sein. Wenn ich darf, dann bin ich ein wenig Mondlicht. Das auf dich scheint, wenn die Dunkelheit hinter dir lauert. Das dich daran erinnert, dass es in allem diesen Riss gibt. Durch den das Licht scheinen kann. So fein er auch sein mag. Das fände ich schön. Ich fände es schön, wenn etwas von mir bei dir bleibt. Wenn du dich dann, wenn unsere Wege nicht mehr nebeneinander sind und die Dunkelheit hinter dir lauert, an das Mondlicht und an mich erinnerst. So wie ich mich an deinen Sternenstaub um mich herum erinnern werde. Bis dahin wird noch eine kleine Weile vergehen. Hier ist meine Hand. Du darfst sie nehmen, wenn du das möchtest. Lass uns ein bisschen Revolution machen. Und noch ein bisschen mehr **Sternenstaub aufwirbeln**.
Magie.

Ich liebe deine
Menschlichkeit.

#Liebe.

Ich mag nicht wirklich wissen, was Liebe ist aber ich weiß, dass das was ich für dich empfinde,

mächtig ist.

Es komm mit der radikalen Erkenntnis, dass ich zum ersten Mal wirklich verstehe,

was „Compersion" bedeutet.

Ich resoniere mit dir, mit deinem Glück, mit dem was dich freudig stimmt.

Und diese Mitfreude ist stärker als die Traurigkeit darüber,

dass ich nicht so für dich sein kann, wie ich es mir wünschen würde.

Diese Mitfreude ist Liebe.

Völlig bedingungslose und alles umarmende Liebe.

Für jede Faser deines Seins.

Für jeden Funken deiner Existenz.

Ich mag nicht wirklich wissen, was Liebe ist.

Aber ich habe noch nie etwas mächtigeres gefühlt als das,

wenn ich dich lachen sehen, heilen sehen

darf.

So wie dein Lachen,
muss die Freiheit
klingen.

#Schönheit.

Weil mir nicht kalt ist.

Wenn ich so sehr in meiner Traumwelt existiere,

dass meine Füße den Boden verlieren.

Wenn ich von der Magie berührt werde und nur noch
schreiben will. Es ist deine Berührung, die mich dazu bringt -
schreiben zu müssen.

Die in mir den tiefen Wunsch weckt, einen Ort zu kreieren.

An dem du frei sein kannst.

Der dein Strahlen zu schätzen und deine Schönheit zu achten
weiß. Einen Ort der Liebe, an dem du blühen und dich
entfalten kannst.

An dem du NICHT INSPIRATION, sondern MENSCH bist.

Ich stehe hier, mit dieser blauen Rose in meiner Hand.

Die irgendwann sterben wird.

Und du wirst irgendwann vergessen, dass diese Rose für dich
war und.

Vielleicht wirst du nicht verstehen. Ob diese Rose für dich
war?

Vielleicht wirst du nicht verstehen, warum ich weine.

In jeder Träne liegt die Schönheit der vergessenen Liebe.

Dein Sein macht diese
Welt reicher.

#Licht.

In tiefster Dunkelheit sah ich einen Stern geboren werden.

In all seiner Pracht.

Und in deinen Augen sehe ich diesen Traum.

Der nie vergehen wird.

Das Chaos kommt auf uns zu.

Ich habe es heraufbeschworen.

Und wenn ich dann weg bin, dann wirst du zum Himmel schauen.

Und dieses Herz leuchten sehen.

Geboren zwischen all den anderen Sternen.

Das Universum wird türkis für dich leuchten.

Das ist es was ich will.

Dir ein Universum voller Sanftheit schenken.

Einen Ort voller Licht, das dich nicht verlässt.

Dass du bist.

DU trägst das UNIVERSUM in DIR.

Du bist Licht.

You are not alone.

It´s the fear we know
all too well and the
hope for love we share
that connects us.

#Fear.

Suddenly
You knock on my door
Come on in.
I make a cup of tea
And we´re getting along
Just like in old times

We were friends from the beginning
The moment I realized my existence
You were there

I think and therefore I fear
I am and therefore I try
to make you feel
that I am willing to live my life

**So, I try to embrace you
and make you mine
So, I try to unveil you
to leave my past behind
I know you want to protect me
But I´m going to be fine
Without you drawing my line**

Ich habe von dir
geträumt.

Und wollte nicht mehr
aufwachen.

#Traum.

DU SAGST, DU HASST DEN SCHLAF.

UND ICH VERSTEHE DAS SO SEHR.

WEIL EINSCHLAFEN DOCH AUCH ABSCHIED
BEDEUTET.

UND LOSLASSEN. KONTROLLVERLUST.

ICH WÄRE GERNE DIE, BEI DER DU DICH
TRAUST, DIE KONTROLLE ZU VERLIEREN.

DIE DU NICHT MIT SAMTHANDSCHUHEN
ANFASST UND BEI DER

DU NICHT JEDES WORT ACH SO WEISE
WÄHLST.

DIE, BEI THEM DU DICH TRAUST
LOSZULASSEN UND

RADIKAL ZU FÜHLEN.

EINZUSCHLAFEN.

WEIL DU WEIßT, DASS DU SICHER BIST.

ABER ICH WEIß, DASS ICH DAS NICHT BIN.

DU BIST ZU WICHTIG, UM DIESEM GEFÜHL
NACHZUGEBEN, DASS MICH

VON DIR ENTFERNEN WILL.

WIR TEILEN

EINEN TRAUM.

UND ICH WÜNSCHE MIR, DASS DIESER
TRAUM REICHEN WIRD.

DENN ICH WILL FÜR DICH DA SEIN.

WEIL DU ES VERDIENST.

DAMIT DU SCHLAFEN KANNST.

WEIL DU EINEN TRAUM VERDIENST, DER
WAHR WIRD.

Our very existence is
resistance.

Beautiful, powerful
resistance.

#Power.

Rolling up this huge old rock

Up that brittle cliff

Knowing well the end is near

Sea spray on your skin

Cooling the heat

Caused by your fear

> *Divine creatures are waiting for you*
>
> *Down in the roaring see*
>
> *You kept them there over centuries*
>
> *They are longing to be free*

Power is fleeting

> Our vision is clear
>
> Welcome the infinite light
>
> Welcome this new side of life
>
> The age of esteem
>
> has something for everyone
>
> even for those
>
> who didn´t want us?

Du bist genug.

#Sanftheit.

Alles was ich weiß ist, dass ich fühle.

So viele Worte zwischen uns, die ich nicht aussprechen kann.

Empfunden. Ungesagt. Vergessen.

Du kamst zu mir in leuchtenden Farben.

Und ihr Leuchten wird, vielleicht immer, in mir nachhallen.

Ich mache dein Lachen, deine Güte, deine Wut –

deine Berührung zu Worten und versuche

sie so freizulassen.

Dich nicht damit zu belasten.

Ich versuche dich in all der Sanftheit zu lieben, die mir
möglich ist.

Ohne Erwartung. Ohne Traum.

Mit dem Wissen, dass das Universum mir vermutlich zeigen
möchte, wie mächtig es ist, sanft zu sein.

Ich male hier ein Bild mit Worten und hoffe,

dass du dich darin erkennst.

Dass du deine radikale Sanftheit darin sehen kannst.

Du bist sanft.

Und so gut.

Und auch wenn die
Traurigkeit ein Leben
lang andauern kann -
sie ist es, die der
Freude die Hand reicht.

#samaka

Das Mondlicht scheint

auf türkisblaues Wasser.

Uns verbindet – das Streben nach Anstand.

Die Idee ein Fisch im Wasser zu sein und zu schwimmen.

Auf der Suche nach Erlösung.

Auf der Suche nach diesem Gefühl,

festgehalten auf einem Bild.

In dem Land, in dem das Mondlicht die Fische auf

Kalkweißen Hausmauern in silbernes Licht taucht.

Dieses Gefühl ist viele Monde her.

Die Suche nach Freiheit hält an.

Im türkisblauen Meer.

Schwerelos.

You are allowed to let
go of the shame they
taught you to feel.

#Shame.

A soul is what I am

Searching for their purpose

Wandering the earth

A part of me has always been lost

A piece of my existence

That keeps me from living

My life up to the fullest

Sometimes I feel so lonely

Sometimes I am so afraid

My scars are rather ugly

Most time I´m ashamed

Of my otherness and restlessness

I´ve been trying to hide

the emptiness

I would like you to walk me home

while showing me the beauty of your world

And I would love to walk you home.

It´s not you.

You are not the problem

#Anger.

There´s a fire rushing through my blood
And it´s not the one you know
I am enraged by all the sham you spread
And I just won´t back off again
I´ll speak up till the end

Every single day of my life
I am angry because I am who I am
Maybe that´s what´s driving me crazy
But I don´t care
Cause I will use it all
To smash these fucking walls
You put up in front of me
Wanting more is no crime
The anger of us all is going to be
the glimmer of hope for this time

We don´t owe you politeness

We don´t owe you reserve

We don´t owe you patience

That´s not what you deserve

We can disagree about the meaning of life

But not about who´s worth being alive

Collective Liberation.

Dein Zuhause darf dort sein, wo du SEIN kannst.

#Heimat.

Wie gerne würde ich

Deine Linien

mit meinen Fingern

nachzeichnen.

Jede Faser deines Seins

Berühren.

Dieses Gefühl hinterlassen,

das leuchtet.

Ich würde so gerne um dich

Herum ein Fort bauen.

In dem du völlig sicher bist.

Wie in einem Kokon.

In dem du dich entfalten kannst.

Und wegfliegen kannst, wann immer

dir danach ist.

Ich wäre so gerne ein Teil deiner Heimat.

Umarme das Chaos.

Es ist deines.

Chaos.

Du bist die allerschönste Revolution.
Wirbelst lang vergessene, verstaubte Gefühle auf.

Und lernst mir, dass ich recht hatte.

Am falschen Ort geboren worden zu sein.

Meine Seele leuchtet.

Türkisblau.

Und in ihr schwimmen Fische.

Frei.

Es war nicht geplant, dass ich dieses Chaos

in dein Leben bringe.

Dass ich mehr fühle, als ich sagen kann.

Wir stehen an der Brandung.

Ich mach uns Kleider aus der Gischt.

Solche die unserer würdig sind,

wenn wir endlich unser

König*innenreich wiederfinden.

Lang lebe das Chaos.

Du bist
die
allerschönste
Revolution.

Deine Mina.

انـا احبك.

M.